集部八

南嶽倡酬集

總集類

提要

臣等謹案南嶽倡酬集一卷附録一卷宋朱子與張栻林用中同遊南嶽倡和之詩也用中字擇之號東屏古田人嘗從朱子遊是集作於乾道二年十一月前有栻序稱來往湖湘二紀夢寐衡岳之勝丁亥秋新安朱元晦

來訪予湘水之上偕為此遊而朱子詩題中亦稱栻為張湖南蓋必栻當時官於衡湘間故有此稱而宋史本傳止載栻孝宗時任荆湖北路轉運副使後知江陵府安撫本路不言其曾官湖南疑史有脱漏也其遊自甲戌至庚辰凡七日朱子東歸亂藁序稱得詩百四十餘首栻序亦云百四十有九篇今此本所録止五十七題以朱子大全集叅校所載

又止五十題亦有大全集所有而此本失載者又每題皆三人同賦以五十七題計之亦不當云一百四十九篇不知何以叅錯不合又卷中聯句往往失去姓氏標題其他詩亦多依朱子集中之題至有題作次敬夫韻而其中又有敬夫詩者皆非體例疑已出後人重編非當日原本矣後有朱子與林用中書三十二篇用中遺事十條及朱子所作字序

二首則後人因用中而採掇附入者用中為紫陽高弟著作多就湮没惟此本尚可考見其遺詩録而存之庶不致無傳於後云乾隆四十三年五月恭校上

總纂官臣紀昀臣陸錫熊臣孫士毅

總校官臣陸費墀

南嶽倡酬集原序

南嶽倡酬訖於庚辰敬夫既序其所以然者而藏之矣癸未發勝業伯崇亦别其羣從昆弟而來始聞水簾之勝將往一觀以雨不果而趙醇叟胡廣仲伯逢季立甘可大來餞雲峯寺酒五行劇論所疑而别丙戌至櫧州熹伯崇擇之取道東歸而敬夫自此西還長沙矣自癸未至丙戌凡四日自嶽宮至櫧州凡百有八十里其間山川林野風煙景物視向所見無非詩者而前日既有約矣然念夫别

日之迫而前日所講蓋有既開其端而未竟者方且相與思繹講論以畢其說則其於詩固有所未暇者焉丙戌之暮熹諗於衆曰詩之作本非有不善也而吾人之所以深懲而痛絕之者懼其流而生患耳初亦豈有咎於詩哉然今遠別之期近在朝夕非言則無以寫難喻之懷然則前日矯枉過甚之約今亦可以罷矣皆應曰諾既而敬夫以詩贈吾三人亦各得答賦以見意熹又進而言曰前日之約已過矣然其戒懼警省之意則不可忘也何則詩本言志則宜其宣暢湮

鬱優游平中而其流幾至於喪志羣居有輔仁之益則宜其義精理得動中倫慮而猶或不免于流況乎離羣索居之後事物之變無窮幾微之間毫忽之際其可以熒惑耳目感移心志者又將何以禦之哉故前日戒懼警省之意雖亦小過然亦所當過也由是擴充之庶幾乎其寡過矣敬夫擇之曰子之言善其遂書之以詔毋怠於是盡錄贈答諸詩于篇而記其說如此自今暇日時出而觀焉其亦足以當盤盂几杖之戒也夫丁亥新

安朱熹記

南嶽倡酬集原序

栻來往湖湘踰二紀夢寐衡嶽之勝亦嘗寄跡其間獨未得登絶頂為快也乾道丁亥秋新安朱元晦来訪予湘水之上留連既久取道南山以歸迺始偕為此遊而古田林用中擇之亦與焉越十一月庚午自潭城渡湘水甲戌過石灘始望嶽頂忽雲起四合大雪紛集須臾深尺許予三人者飯道旁草舍人酌十巨盃上馬行三十里投宿草衣巖一時山川林壑之觀已覺勝絶乙亥

抵嶽後丙子小憩其日暮雨未已從者皆有倦色湘潭彪居正德美來會亦意予之不能登也予獨與元晦擇之決策明當冒風雪亟登而夜半雨止起視明星爛然比曉日升暘谷矣德美以怯寒辭歸予三人聯騎渡興樂江宿霧盡卷諸峯玉立心目頓快遂飯黄心易竹輿緣馬跡橋登山始皆荒嶺彌望杳無烟火林壑巖邊時有積雪溪流甚駛觸斷氷其聲琅琅日暮抵方廣氣象深窈八峯環立所謂蓮花峯也登閣四望霜月皎皎

寺皆版屋問老宿云用瓦輙為氷雪凍裂自此如高臺上封皆然也戊寅明發穿小徑入高臺門外萬竹森然間為風雪所折特清爽可愛住山子信有詩聲云良夜月明窓牖間有猿嘯清甚出寺即行古木寒藤中陰崖積雪厚幾數尺望石廩如素錦屏日影下照林間氷墮鏘然有聲雲陰驟起飛霰交集頃之乃止出西嶺過天柱下福嚴望南臺歷馬祖庵繇寺背以登路不甚狹遇險輙有石磴可陟踰二十餘里過大明寺有飛雪數點

自東嶺来望見上寺猶縈迂數里許乃至山髙草木堅瘦門外寒松皆拳曲臃腫樛枝下垂氷雪凝綴如蒼龍白鳳然寺宇悉以板障蔽否則雲氣嘘吸其間時不辨人物有穹林閣侍郎胡公題榜蓋取韓子雲壁潭潭穹林攸擢之語予與二友姑息肩望祝融絶頂褰裳徑往頂上有石可坐數十人時煙霞未澄徹羣峰峭立遠近異態其外四望渺然不知所極如大瀛海環之真奇觀也湘水環帶山下五折乃北去寺僧指蒼莽中云洞庭

在焉晚歸閣上觀晴霞橫帶千里夜宿方丈月照雪屋寒光射人泉聲隔窗泠然通夕恍不知此身踞千峯之上也己卯武夷胡寔廣仲范念德伯崇來會同遊仙人橋路並石側足以入前崖挺出下臨萬仞之壑凛凛不敢久駐再上絶頂風勁甚望見遠岫次第呈露比昨觀殊快寒威薄人呼酒舉數酌猶不勝擁氊坐乃可支須臾雲氣出巖腹騰湧如饋餾過嶺南爲風所飄空濛杳靄頃刻不復見是夜風大作庚辰未晚雪擊窗有聲驚

覺將下山寺僧謂 石磴氷結不可步遂亟緣前嶺以
下路以滑甚有跌者下視白雲滃渟瀰漫吞吐林谷真
有濫冐之勢欲訪李鄴侯書堂則林深路絕不可往矣
行十三里抵嶽市宿勝業寺勁節堂蓋自甲戌至庚辰
凡七日經行上下數百里景物之美不可殫敘間亦發
於唫詠更迭倡酬倒囊得百四十有九篇雖一時之作
不能盡工然亦可以見耳目所歷與夫興寄所託異日
或有考焉乃裒而錄之方己卯之夕中夜凜然擬殘火

相對念吾三人是數日間亦荒于詩矣大抵事無大小美惡流而不返皆足以喪志於是始定約束異日當止蓋是後事雖有可諷者亦不復見于詩矣嗟乎覽是篇者其亦以吾三人自儆乎哉作南嶽倡酬序廣漢郡張敬夫云

南嶽倡酬集

宋 朱子 張栻 林用中 同撰

七日發嶽麓道中尋梅不獲至十日遇雪賦此

三日山行風繞林天寒歲暮客愁深心期已悮梅花笑
急雪紛紛更滿襟 仲晦
眼看飛雪洒千林更著寒溪水淺深應有梅花連夜發
却傾詩句寫愁襟 敬夫

昨日來時萬里林長江雪厚浸猶深蒼茫不見梅花意
重對晴天豁晚襟 擇之

十三晨起雪晴前言果驗用定王臺韻賦詩

北渚無新夢南山有舊臺端能成獨往不肯遽同回磴
滑初經雪林深不見梅急須乘霽色何必散銀盃 仲晦
烟嵐開嶽鎮雲雨斷陽臺日出寒光迥川平秀色回興
隨天際鴈詩寄嶺頭梅盛事他年說憑君記一杯 敬夫
今朝風日好抱病起登臺山色愁無盡江波去不回客

懷無老草節物又踈梅且莫催歸騎憑欄更一杯 擇之

敬夫用熹定王臺韻賦詩因復次韻

新詩通造化催出火輪來雲物低南極江山接漢臺心期千古迴懷抱一生開回首狂馳子紛紛政可哀 仲晦

珍重南山路驅羸幾度來未登喬嶽頂空說妙高臺曉霧層層斂奇峯面面開山間元自樂澤畔不須哀 敬夫

寂寞番君後光華帝子來千年遺故國萬事只空臺日月東西見湖山表裏開從知爽鳩樂莫作雍門哀 擇之

至上封用林擇之韻

疇昔朱陵洞如今白帝城天高雲共色夜永月同明萬象争迴巧千峰盡乞盟登臨須我輩更約羨門生 仲晦

兩寺清聞磬羣峰石作城風生雲影亂猨嘯月華明香火遠公社江湖鷗鳥盟是中俱不著俯仰見平生 敬夫

嶽背三冬雪真同不夜城野烟何晃蕩澗水助空明行槖多新句青山有舊盟堂堂身世事渠漫説三生 擇之

後洞山口晚賦

日落千林外烟飛紫翠深寒泉添壑底積雪尚崖陰景
要吾人共詩留永夜吟從教廣長舌莫盡此時心　仲晦

石裂長藤瘦山園野路深寒溪千古思喬木四時陰幽
絶無僧住閒來有客吟山行三十里鐘磬忽傳心　敬夫

西嶺更西路雲嵐最窮深水流千澗底樹合四時陰更
得尋幽侶何妨擁鼻吟笑看雲出岫誰似此無心　擇之

馬上口占次敬夫韻

幾日城中歌酒昏今朝匹馬向孤村迎人況有南山色

勝處何妨倒一尊 仲晦

向來一雪壓霾昏曉跨征鞍傍水村七十二峯皆玉立
巍然更覺祝融尊 敬夫

寒雪飄飄白晝昏征驂曉發向孤村途中風物來時異
吟罷新詩擊酒尊 擇之

馬上舉韓退之話口占

昨日風煙接混茫今朝紫翠插青蒼此心元自通天地
可笑靈宫枉炷香 仲晦

擾擾人心壓渺茫更於底處問穹蒼今朝開霽君知否春到無邊花草香 敬夫

天寒愁思正茫茫匹馬周行野樹蒼遥想韓公昔年事聲名留得後來香 擇之

雪消溪漲見山色可喜口占

頭上瓊岡出舊青馬邊流水漲寒汀若為留得晶熒在突兀長看素錦屏 仲晦

一見瓊山眼為青馬蹄不覺渡沙汀如今誰是王摩詰

為寫新詩入畫屏 敬夫

雪消山色自青青水漲溪流拍小汀行客悠悠心目快

漫題新句在空屏 擇之

登山有作次敬夫韻

晚峯雲散碧千尋落日銜飈霜氣深霽色登臨寒月夜

行藏只此驗天心 仲晦

上頭壁立起千尋下列群峯次第深兀兀藍輿自吟咏

白雲流水此時心 敬夫

壁立崔嵬不計尋千峯羅列獻奇深等閒佇立遥觀徧

流水高山萬古心 擇之

馬跡橋

下馬驅車過野橋橋西一路上雲霄我來自有平生志

不用移文遠見招 仲晦

便請行從馬跡橋何須乘鶴造叢霄殷勤底事登臨去

不為山僧遠見招 敬夫

此日驅車馬跡橋遠從師友步青霄登臨不用還歧想

為愛山翁喜見招 擇之

方廣道中半嶺少憩次敬夫韻

不用洪崖遠拍肩相將一笑俯寒煙向來活計蓬蒿底
浪說江湖極目天 仲晦

半嶺籃輿小駐肩眼看已覺渺雲烟山頭更盡無窮境
非是人閒別有天 敬夫

嶺峻山高且息肩芒鞋踏破野雲煙須臾直入上方去
又是乾坤一洞天 擇之

道中景物甚勝吟賞不暇敬夫有詩因次其韻

穿林踏雪覓鐘聲景物逢迎步步新隨處留情隨處樂
未妨聊作苦吟人 仲晦

支筇石壁聽溪聲却看雲山萬疊新摠是詩情吟不徹
一時分付與吾人 敬夫

天外雲端磬有聲道中景物倍增新徘徊吟賞天將暮
好向平原問主人 擇之

崖邊積雪取食清甚次敬夫韻

落葉疎林射日光誰分殘雪與同嘗平生願學程夫子
恍憶當年洗俗腸　仲晦

陰崖積雪射寒光入齒清甘得味嘗應是山神知客意
故將瓊液沃詩腸　敬夫

崖邊瓊玖吐清光偶到山間得味嘗一段奇香今已會
氷牙冷齒裂人腸　擇之

後洞雪壓竹枝横道

石灘聯騎雪垂垂已把南山入小詩後洞今朝逢折竹

却思聯騎石灘時　仲晦

山行景物總清奇知費山翁幾許詩雪急風號聯騎日
月明霜淨倚欄時　敬夫

山中景物自新奇乘興幽人寫小詩洞裏竹枝遭雪壓
何人扶起向明時　擇之

方廣聖燈次敬夫韻

神燈照夜唯聞説皓月當空不用尋箇裏忘言真所得
便應從此正人心　仲晦

陰壑傳聞炯夜燈幾人高閣費追尋山間光景祗常事
堪笑塵寰萬種心　敬夫
燈長三世火長明千里遺蹤子細尋自是神光能永夜
不妨金偈更降心　擇之
壁間古畫精絕未聞有賞音者賦此
老木樛枝入太陰蒼崖寒水斷追尋千年粉壁塵埃底
誰識良工獨苦心　仲晦
山松夾路自清陰溪水有源誰復尋忽見畫圖開四壁

悠然端坐慰予心　敬夫

老樹參横傍古陰濃煙淡月試追尋自來無會丹青意
可惜良工苦片心　擇之

方廣奉懷定叟

偶來石廩峯頭寺忽憶畫船齋裏人城市山林雖一致
不知何處是真身　仲晦

路入青山小作程每逢佳趣憶吾人山林城市休關念
認取臨深履薄身　敬夫

相從偶到招提寺獨對西風憶羽人澹泊煙霞深處卧

百年衣鉢此生身　擇之

賦羅漢果

目勞足倦登喬嶽吻燥腸枯到上方從遣山僧煮羅漢

未妨分我一杯湯　仲晦

黄實纍纍本自芳西湖名字著諸方里稱勝母吾嘗避

珍重山僧日煑湯　敬夫

團團碩果自流黄羅漢芳名托上方寄語山僧留待客

多些滋味煮成湯 擇之

方廣版屋

秀木千章倒屠麄萬瓦差悄無人似玉空咏小戎詩 仲晦

葺蓋非陶埴年深自碧差如何亂心曲不忍誦秦詩 敬夫

上方古棟宇年久自參差動我行人想相看各賦詩 擇之

泉聲次擇之韻

空巖寒水自悲吟遥夜何人為賞音此日團圞都聽得他年離索試追尋 仲晦

試問今朝澗底聲如何三嘆有餘音堂中衲子還知否月白風清底處尋 敬夫

穿雲絡日苦悲吟澗底潺潺覓好音絃管笙簧寒碎玉源頭深處細追尋 擇之

霜月次擇之韻

蓮花峯頂雪晴天虛閣霜清絶縷煙明發定知花蔌蔌
如今且看竹娟娟　仲晦

月華明潔好霜天遙指層城幾暮烟妙意此時誰與寄
美人湘水隔娟娟　敬夫

雪霽雲収月滿天氷輪碾轉淨無煙幾廻寒色侵人冷
底信清光永夜娟　擇之

枯木次擇之韻

百年蟠木老聱牙偃蹇春風不肯花人道心情頑似汝

不須持向我儂誇 仲晦

陰崖虎豹露鬚牙元是枯槎著蘚花不向明堂支萬紀
玄冬苦節未須誇 敬夫

數年抱葉不萌牙終歲淹淹絕蘚花廊廟大材工舍用
何須把節向人誇 擇之

夜宿方廣聞長老守榮化去敬夫感而賦詩次韻

枯椎豎拂事非真用力端須日日新只麼虛空打筋斗
思君辜負百年身 仲晦

夜入精藍意自真上方一笑政清新山僧忽復隨流水
可惜平生未了身 敬夫

上方長老已尋真禪室空存錫杖新自是屋梁留夜月
可憐飄泊係留身 擇之

蓮花峰次敬夫韻

月皎風清墮白蓮世間無物敢爭妍如何今夜峯頭雪
撩得新詩續舊篇 仲晦

玉井峯頭十丈蓮天寒日暮更清妍不須重詠洛神賦

便可同賡雲錦篇 敬夫

十丈花開自白蓮峯頭花色更鮮妍分明會得濂溪趣

强作新詩續古篇 擇之

殘雪未消次擇之韻

脚底悲風舞凍鵶此行真是躡蒼霞仰頭若木敷瓊蘂

恍是人間玉樹花 仲晦

兀坐竹輿穿澗壑仰看石徑接煙霞是間更有春消息

散作千林瓊玉花 敬夫

凍壓林巢欲墮鵶素花飄落結煙霞陰風慘淡青山老
不辨梅花與雪花　擇之
行林間幾三十里寒甚道傍有殘火溫酒舉白方
覺有暖意次敬夫韻
千林一路雪碚堆吟斷飢腸第幾回溫酒正思敲石火
偶逢寒燼得傾盃　仲晦
陰崖衝雪寒膚裂野路燃薪春意回旋煖提壺傾濁酒
陶然絕勝夜堂杯　敬夫

高山絶頂雪千堆凜裂氷膚這幾回行到林間得殘火
借他燃燼煖寒杯 擇之

福巖寺回望嶽市

昨夜相携看霜月今朝誰料起寒煙安知明日千峯頂
不見人間萬里天 仲晦

回首塵寰去渺然山中别是一峰煙好乘晴色上高頂
要看清霜明月天 敬夫

福巖寶地幾千年宮殿朦朧鎖暮煙遊客回眸懐想望

自知身在寂寥天 擇之

福嚴寺讀張南湖舊詩

樓上低徊摻別袖山中磊落見英姿白雲未屬分符客已有經行到處詩 仲晦

兹游奇絶平生事只欠瀛仙氷雪姿元是經行題品地却從山際誦新詩 敬夫

名公有意著新書翰墨精神碧玉姿今日山中纔讀罷經行已續少陵詩 擇之

登祝融口占用擇之韻

今年緣底事浪走太無端直以心期遠非貪眼界寬雲山於此盡風袂不勝寒孤鳥知人意茫茫去不還 仲晦

祝融高處好拂石坐林端雲夢從渠小乾坤本自寬回眸增浩蕩出語覺高寒明日重來看寧應取次還 敬夫

托身天際外寄足在雲端俯仰心猶壯登臨眼盡寬乾坤真景界風雪倍朝寒忽起烟霞想相從結大還 擇之

晚霞

日落西南第幾峯斷霞千里抹殘紅上方傑閣凭欄處
欲盡餘暉怯晚風 仲晦

早來雪意遮空碧晚喜晴霞散綺紅便可懸知明旦事
一輪明月快哉風 敬夫

晚霞掩映祝融峯衡嶽高低爛熳紅願學陵陽修煉術
朝餐一片赼天風 擇之

贈上封諸老

夜宿上封寺脩然塵慮清月明殘雪裏泉溜隔窓聲楮

衲今如許綈袍那復情爐紅虛室煖聊得話平生　仲晦

上方元是好　一榻有餘清衹趁晨鐘起寧聞山鳥聲高僧足幽事野客富詩情試問峯頭景今朝作麼生　敬夫

上封臺觀靜夕霽景偏清月下聞禪語風中有磬聲龍池留古蹟雁塔寄餘情借問房前樹東窓忽偃生　擇之

醉下祝融峯

我來萬里駕長風絕壑層雲許盪胸濁酒三杯豪氣發朗吟飛下祝融峯　仲晦

雲氣飄飄御晩風笑談噓吸滿心胷須臾斂盡雲空碧
露出天邊無數峰 敬夫
祝融高處怯寒風浩蕩飄凌震我胷今日與君同飲罷
願狂酩酊下遙峯 擇之

林間殘雪時落鏘然有聲賦此

青鞋布襪踏瓊瑤十里晴林未覺遙忽復空枝墮殘雪
恍疑鳴璬落叢霄 仲晦
林中光潔盡瓊瑤未覺鬱藍宮殿遙石壁長林氷筋落

鏘然玉佩響層霄 敬夫

天花亂落類瓊瑤遊賞行人覺路遙林畔殘枝猶被壓

數聲珮玉偏青霄 擇之

石廩峰次敬夫韻

七十二峯都插天一峰石廩舊名傳家家有廩高如許

大好人間快樂年 仲晦

巋然高廩倚晴天獨得佳名自古傳多謝山中出雲氣

人間長與作豐年 敬夫

石廩峰高直插天芳名耿耿舊流傳好推佳惠敷寰宇
始信人間大有年 擇之

自西園登山宿方廣寺

俗塵元逈隔景物倍增明山色四圍碧泉聲永夜清月
華侵戸冷秋氣與雲生曉起尋歸路題詩寄此情 仲晦
雨後溪重碧木落山增明西風肅羣物感此秋氣清振
衣千岡遠俯瞰萬籟生起來追遐慕政爾未忘情 敬夫
登山極目望梵宇自鮮明風度閑花落雲低野樹清夜

長人不寐地僻月初生明發又歸去何能已此情 擇之

路出山背仰見上封寺遂登絕頂聯句

我尋西園路徑上上封寺竹輿不留行及此秋容霽磴危霜葉滑林空山果墜崇蘭共清芳深壑遞幽吹不知山益高但覺冷侵袂路回屹陰崖突兀聳蒼翠故應祝融尊群峰拱而峙金碧雖在眼勇往詎容憩絕頂極遐觀脚力聊一試昔遊氷雪中未盡登臨意茲來天宇肅舉目淨纖翳遠邇無遁形高低同一視氷惟元化功清

濁分萬類運行有機緘浩蕩見根柢此理復何窮臨風但三喟

十五日再登祝融峰用臺字韻

江流圜玉帶天影抱瓊臺拄杖雲霄外中巖日月回箕山藏遁許吴市隠仙梅一笑今何在相期再舉杯 仲晦

今朝風日霽共約再登臺人在雲端上僧從天際回巖頭風戛竹林畔雪欺梅濁酒消寒氣無妨飲數杯 敬夫

惆悵獨徘徊晴嵐遶古臺日從東海上人自北山回峰

老曾經雪天寒不放梅埜僧憐我倦相勸酒盈杯 擇之

中夜祝融觀月聯句

披衣凜中夜起步祝融巔何許氷雪輪皎皎飛上天清光正在手空明浩無邊羣峰儼環列玉樹生瓊田白雲起我傍兩腋風翩翩舉酒發浩歌萬籟爲寂然寄聲平生友誦我山中篇

方廣寺睡覺次敬夫韻

風簷雪屋澹無情巧作寒牕靜夜聲倦枕覺來聽不斷

相看渾欲不勝清　仲晦

僧舍孤衾寄此情莊生夢破晚鐘聲浮漚蹤跡原無定
惆悵西風一夜清　敬夫

寒溜山房太慘情夜長枕畔聽泉聲起來獨自渾無語
牢落淒涼澹泊清　擇之

渡興樂江望祝融次擇之韻

江頭曉渡野雲遮惆望山岐映暮霞人值風波幾千里
濟川舟楫我儂誇　仲晦

今日溪雲迷小槎層層錦浪映晴霞須臾直至前村去
遙望羣峰真可誇 敬夫

日上霽容曉霧遮須臾碧玉貫明霞人謀天意適相值
寄語韓公不用誇 擇之

嶽後步月

衡嶽山邊霜夜月青松影裏看嬋娟正須我輩為領略
寒入衣襟未得眠 仲晦

清光氷魄浩無邊桂影扶踈吐玉娟人在峰頭遙指望

舉杯對影夜無眠　敬夫

轉缺霜輪出海邊故人千里共嬋娟山陰此夜明如練

月白風清人未眠　擇之

過高臺獲信老詩集

蕭然僧榻碧雲端細讀君詩夜未闌門外蒼松霜雪裏

比君佳處尚高寒　仲晦

巍巍僧舍隱雲端坐看君詩興不闌讀罷朗然開口笑

舊房松樹耐霜寒　敬夫

今朝移步野雲端幸得新詩讀夜闌識破中間真隱訣
月明風雪道休寒　擇之

自上封下福巖道傍訪李鄴侯書堂山路榛不可
往矣遂賦此

石壁巉巗路已荒人言相國舊書堂臨機自古多遺恨
妙策當年取范陽　仲晦

山道榛蕪大道荒令人瞻望鄴侯堂懷賢空自悲今昔
淚滴西風恨夕陽　敬夫

百年古路已成荒今日人稱相國堂麟鳳已歸天上去
空留遺像在斜陽 擇之

穹林閣讀張南湖七月十五夜詩詠嘆久之因次其韻
南嶽天下鎮祝融最高峰仰干幾千仞俯入數萬重開
闢知何年上有釋梵宮白日照雪屋清宵響霜鏞極知
瓌特觀仙聖情所鍾雲根有隱訣讀罷凌長風 仲晦

夜得岳後菴僧家園新茶甚不多輒分數碗奉伯
承

小園茶樹數千章走寄萌芽初得嘗雖無山頂烟嵐潤
亦有靈源一泒香　仲晦

新英簇簇燦旗槍僧舍今朝得味嘗入座半甌浮綠泛
鵶山烏啄不如香　敬夫

芽吐金英風味長我于僧舍得先嘗飲時各盡盧仝量
去膩除繁有遠香　擇之

自方廣過高臺賦此

素雪留青壁蒼霞對赤城我來陰壑晚人說夜燈明貝

葉無新得蒲人有舊盟咄哉寧負汝安敢負吾生　仲晦

高處避紅塵凝眸望古城雪深山自老崖壁色鮮明野竹通溪徑遥峯結舊盟自來人不到寒草傍臺生　敬夫

山雲迷古寺曙色照孤城禪境風偏好空門眼倍明逢僧叙舊話對客結新盟　闕　生　擇之

自上封登祝融峯絶頂次敬夫韻

衡嶽千仞起祝融一峯高羣山畏突兀犇走如曹逃我來雪月中歷覽快所遭捫天滑青壁俯壑崩銀濤所恨

無十犗一掣了六鼇遥歸青蓮宫坐對白玉毫重閣一
徙倚霜風利如刀平生山水心真作貧食饕明朝更清
徹再往豈憚勞中宵撫世故劇如千蝟毛嬉遊亦何益
歲月今滔滔起望東北雲茫然首空搔 仲晦

胡文廣仲與范伯崇自嶽市來同登絶頂舉酒極
談得聞比日講論之樂

我已中峯住君從何處来莫留巖底寺徑上月邊臺濁
酒團圞坐高談次第開前賢渺安在清酹寄餘哀 仲晦

久憩珠林寺高軒自遠來攜朋上喬嶽載酒到瓊臺論
道吟心樂吟詩笑眼開遙觀松柏樹風韻有餘哀 敬夫
自得中峰佳憐君冒雪来共登福岩寺齊上古層臺斗
酒酬佳興詩懷喜獨開飄然塵世隔談論轉堪哀 擇之

題福巖寺

擲鉢巖前寺肩輿幾度來樓臺還舊觀杉檜總新栽湘
水堂堂去秋山面面開徘徊千古思風壑有餘哀 仲晦
天竺西方寺人從此地來寒泉流玉漱瑤草倚雲栽梵

寺依巖舍禪宮傍日開躊躇懷往事清興寫餘哀　敬夫

久慕雲間寺相從此日來山僧留客坐野老把松栽地拱千尋險天遮四面開殷勤方外望塵事不勝哀　擇之

晨鐘動雷池望日聯句

浮氣列下陳天淨澄秋容朝瞰何處升彷彿呈微紅須臾眩衆采閶闔開九重金鉦忽湧出晃蕩浮雙瞳乾坤豁呈露羣物光芒中誰知雷池景乃與日觀同徒傾葵藿心再拜御曉風

題南臺

相望幾蘭若勝處是南臺閣迥規模穩門空晝夜開回風時浩蕩高嶺更崔嵬漫説石頭滑支筇得往來 仲晦

步入招提境雲間有古臺管絃山鳥弄瓊玖雪花開方外人稀到山頭勢更巍登臨思不盡何日再重來 敬夫

山高聳樓觀天際有瑶臺地僻烟霞靜門空雲霧開興圖真絶域形勝實崔巍久以平生慕今年始得來 擇之

同遊嶽麓道遇大雪馬上次敬夫韻

仙人喬嶽頂散髮吹參差喚我二三友集此西南垂列
筵命洛公侑坐迎江妃道之千羽旌投以萬璧璣繽紛
一何麗晻靄難具知衆真亦来翔恍覺叢霄低茫茫雲
霧合一一瓊瑤姿回首謝世人千載空相思吾衰怯雄
觀未敢探此奇短衣一匹馬幸甚得所隨天寒飲我酒
酒罷賡君詩人生易南北復此知何時 仲晦
驅車望衡嶽羣山政參差微風忽南來雲幕為四垂炎
官挾尊妝從此萬玉妃庭熒亦何有尺璧仍珠璣奇貨

吾敢居妙意良自知林巒倏變化轍迹平高低喬松與
修竹錯立呈瑰姿清新足遐寄浩蕩多餘思平生湘南
道未省有此奇況復得佳友晤言相追隨茅簷舉杯酒
旅榻誦新詩更約登絶頂同觀霽色時　敬夫
遥瞻衡嶽頂雲盡碧參差人從南方至雪墜西崖垂談
玄問老子鳴佩邀神妃飛花舞瓊瑤青壁比珠璣平生
山水興行止只自知飄颻凌浩蕩猶恐太白低松持歲
寒操梅放氷雪姿迢遰崑崙顛俯仰動遐思茲峰名天

下突兀真絕奇行行將易晚去去尚追隨我愛君飲酒君愛我賦詩相看各惆悵勉旃在明時 擇之

遊南嶽風雪未已決策登山用敬夫春風樓韻

披風蘭臺宮看雨百常觀安知此山雲對面隔霄漢羣陰匝寰區容雲渺天畔峩峩雪中山心眼凄欲斷吾人愛奇賞遲發臨河嘆我知沍寒極見晛今當泮不須疑吾言第請視明旦蠟屐得雁行籃輿或魚貫 仲晦

隆堂謹前規傑閣聳奇觀憑欄俯江上極目渺雲漢主

人沂上翁顧肯吟澤畔俛仰一喟然沖融無間斷我來亦何幸屢此承晤嘆平生滯吝胸一若層氷泮繼今兩切切保合勤旦旦萬事儘紛紜吾道一以貫 敬夫

人言南山巔煙霞聳樓觀俯瞰了坤倪仰攀接天漢勇往愧未能長吟湘水畔茲來渺遐思風雪豈中斷行行重行行敢起自畫嘆我聞精神交石裂氷可泮陰沴驅層霄杲日麗旭旦決策君勿疑此理或通貫 擇之

將下山有作

五日山行復下山愛山不肯住山間此心無著自長健
明歲秋高却往還　仲晦

芒鞋踏破萬重山五日淹留在此間行客歸來山下望
却疑身自九天還　敬夫

昔日乘輿住此山愛山五日住山間今朝忽動思歸興
得伴先生杖屨還　擇之

十六日下山各賦二篇以紀時事云

絶頂來還晚寒窓聽達明連牀渺歸思三宿悵餘情雲

合山無路風回雪有聲嶽祇珍重意只此是將迎 仲晦

歸訣隨雲起籃輿趂雪明山僧苦留客世故却關情小倚枯藤杖聊聽絕澗聲如何山下客一笑已來迎 敬夫

匹馬返歸程天寒雪眼明無窮身外事難了世間情客向天邊去風含玉佩聲別離與僧約明歲再來迎 擇之

又和敬夫韻

蠟屐風煙隨處別下山人事一番新世間不但山中好今日方知此意真 仲晦

青山不老千年在白髮如絲兩鬢新歷盡高山數萬里
未知何路是為真 敬夫

山中好景年年在人事多端日日新不向青山生戀著
祇緣身世總非真 擇之

登山回和擇之韻

仰止平生事今年得到來舉頭天一握倚杖雪千堆講
道心如渴哦詩思湧雷出山遺語在歸騎莫徘徊 仲晦

舊說峯頭寺真成杖屨來却尋泥路滑更喜埜雲堆寒

積三冬雪陽生九地雷城中幾親友為説看山回 敬夫
勝槩峰頭寺尋幽客自來泉聲澗分細山色翠成堆踏
破千崖雪還聞一夜雷東林期擬結卧石夢忘回 擇之

南嶽倡酬集

欽定四庫全書

南嶽倡酬集附録　　　宋　朱子　著

答林擇之書

熹以崇安水災被諸司檄來與縣官議賑恤事因為之遍走山谷間十日而後返大率今時肉食者漠然無意於民直是難與圖事不知此箇端緒何故汨沒得如此不見頭影因知若此學不明天下事決無可為之理王丞文字足罷去因力薦何叔京攝其事若得此人來將

來檢放一段事須有條理但只空才不足然終是勝令日諸人耳此水所及不甚廣但發源處皆是高山裂石湧水川原田畝無復東西皆為巨石之積死傷幾百人行村落間視其漂蕩之路聽其寃號之聲殆不復能為懷矣君所寄李先之記文體面甚佳趨向甚正但緊切處殊不端的只云此為仁此為義却如何便綠此而用之且若直知仁義之實則又不可云以誠而意以正而心此類非一大抵此是尤緊切處只如此他可勿論也恐更有可惜處因求更論之以起惰氣也

其二

熹奉養粗安舊學不敢廢得擴之朝夕議論相助為多幸甚敬夫得書竟主觀過之說因復細思此說大害事復以書叩之擴之錄得稿子奉呈不知擇之以為如何也伯逢來問造端夫婦之說偶亦嘗思之前此說得汎濫不縝密今答之如此擴之亦已錄去矣近見古人下工夫處極是精密日用之間不敢不勉庶幾他時相見或有尺寸之進耳敬夫又有書理會祭儀以墓祭節祠

為不可然二先生皆言墓祭不害義理又節物所尚古人未有故止于時祭今人時節隨俗燕飲各以其物祖考生存之日蓋嘗用之今子孫不廢此而能恝然于祖宗乎此恐太泥古不盡如事存之意方欲相與反復庶歸至當但舊儀亦甚草草近時修削頗可觀一歲只七祭為正祭自元日以下皆用告朔之禮以薦節物于隆殺之際似勝舊儀便遽未及寫去

其三

熹侍旁如昨祠官再請若更不得請當如所戒近事則無可說觀左史之除可見綱紀之紊但如諸公若不相捨不得不一行又聞亦有招致南軒之意果爾猶或庶幾但恐終不能用耳所欲言甚衆遠書不欲多談可默會也元履竟為揆路所逐雖其多言未必一一中節亦坐謄稿四出之故然其為吾君謀也則忠士大夫以言見逐非國家美事亦使幽隱之賢難自進耳近得南軒書諸說皆相然諾但先察識後涵養之論執之尚堅未

發已發條理亦未甚明蓋作易舊說猶待就所安耳敬以直内為初學之急務誠如所諭亦已報南軒云擇之于此無異論矣此事統體操存不作兩段日用間便覺得力嘗驗之否康節云若非前聖開蒙吝幾作人間小丈夫誠哉是言近讀易傳見得陰陽剛柔一箇道理儘有商量未易以書見也兩段之疑動静之説甚佳赤子之心前書已嘗言之（謂言其體則無賢愚少長之別今日赤子之心已是指其用而言）之前此似亦未理會到此試為思之如何來諭謂其言

非寂然不動與未發不同為將動静做不好説似初無
此意但言不專此而言則兼已發感通之用在其中耳
今者只如前書推明程子之意則亦不須如此分别費
力矣

其四

此有李伯諫往時溺于禪學近忽微知其非昨來此留
數日蔡季通亦來會劇論不置遂肯捨去舊習此亦殊
不易蓋其人資禀本佳誠心欲為為己之學雖一邊陷

溺而每事講究求合義理以故稍悟天命之性非空虛之物然初猶戀著舊見謂不相妨今則已脫然矣可尚可尚仲尼焉學體物而不可遺春王正月胡傳之說如何谷神不死此數義近皆有來問者幸各以數語明之遺書論天地之中數段亦告為求其旨見喻更以周禮唐天文志系之為佳

其五

昨得晉叔書說劉毅木訥近仁云擇之嘗告以仁者人

所以肖天地之機要須就發見處看得通神自然識得細看此說似非所以曉人乃所以惑人晉叔緣此說得來轉没交涉不免就其說荅之似稍平穩今漫録去不知還更有病否孔門求仁工夫似只是如此著實說未有後來許多玄妙也通神之語恐亦有病況不務涵養本根而直看發處尤所未安仁者人所以肖天地之機要此句極好然却只是一句好說話正如世俗所謂卦影者未知仁者定理會不得知仁者又不消得如此說

與他要之聖賢言仁自不如此觀論語孟子可見矣如何

如何

其六

所答二公問甚精當熹亦嘗答之只說得大概不能如此之密然勸深父且看語孟大學其意亦如所示也仲弓一段太迫切觀渠氣質與識致所及似禁不得如此鉗鎚也晉叔亦是自悠悠諸公覺得且如此何丞近得書亦未有進處餘則不聞問也季通兩日儘得講論亦

欲附書未暇渠終是未專一若降伏得此病痛下方有
可用力處已深告之未知如何終日憒憒自救不了更
添得此累思與吾擇之相聚觀感警益之助何可得耶
瞻仰非虛言也昨日書中論未發者看得如何兩日思
之疑舊來所說於心性之實未有差而未發已發字頓
放得未甚穩當疑未發只是思慮事物之未接時於此
便可見性之體段故可謂之中而不可謂之性也發而
中節是思慮事物已交之際皆得其理故可謂之和而

不可謂之心心則通貫乎已發未發之間乃大易生生流行一動一靜之全體也云云舊疑遺書所記不審今以此勘之無一不合信乎天下之書未可輕讀聖賢指趣未易明道體精微未易究也

其七

泰山為高矣然泰山頂上已不屬泰山此喻道體之無窮而事業雖大終有限量耳故下文云云意可見也又既得後須放開此亦非謂須要放開但謂既有所得自

然意思廣大規模開廓（須字如用必字）若未能如此便是未有所得只是守耳蓋以放開與否為得與未得之驗若謂有意須放教開則大害事矣上蔡論周恭叔放開忒早此語亦有病也鳶飛魚躍察見天理正與中庸本文察字異指便入堯舜氣象亦只是見得天理自然不煩思勉處耳若實欲到此地位更有多少工夫而可易其言耶疑上蔡此語亦傷快也近來玩索漸見聖門進趣實地但苦墮廢不能如人意耳

其八

竹尺一枚煩以夏至日依古法立表以測其日中之景細度其長短示及孟說正欲煩訂正俟見面納向來數書所講亦併俟面論但顯道記憶語中數段于細看皆好只泰山頂上已不屬泰山此但論道體之無窮而事業雖大終有限量耳故下文云云意可見矣欽夫春來未得書聞歲前屢對上意甚向之然十寒衆楚愛莫助之未知竟何如耳鄭文至誠樂善當時少比必能相親

其德器粹然從容厚重亦可嘉也

其九

比因朋友講論深究近世學者之病只是合下欠却持敬工夫所以事事滅裂其言敬者又只說能存此心自然中理至于容貌詞氣往往全不加功設使真能如此存得亦與釋老何異上蔡說便有此病了又況心慮荒忽未必真能存得耶程子言敬必以整齊嚴肅正衣冠尊瞻視為先又言未有箕踞而心不慢者如此乃是至論而先聖

說克己復禮尋常講說於禮字每不快意必訓作理字然後已今乃知其精微縝密非常情所及耳近略整頓孟子說見得此老真是把得定但常教放到極險處方與一斡轉斡轉後便見天理人欲直是判然非有命世之才見道極分明不能如此然亦只此便是英氣害事處便是才高無可依據處學者亦不可不知也

其十

熹哀苦之餘無他外誘日用之間痛自斂飭乃知敬字

之功親切要妙乃如此此而前日不知於此用力徒以口耳浪費光陰人欲横流天理幾滅今而思之怛然震悚蓋不知所以措其躬也

其十一

所論顏孟不同處極善極善正要見此曲折始無窒礙耳比来想亦只如此用功熹近只就此處見得向來所未見底意思乃知存久自明何待窮索之語是真實不誑語今未能久已有此驗況真能久耶但當益加勉勵

不敢少弛其勞耳拙齋和篇莊重和平讀之如見其人煩為多致謝意莊子詩亦皆有味但可惜只玩心於此耳竊恐論語孟程之書平易真實處更有滋味從前咬嚼未破所以向此作活計然不敢借易獻此說顧無以謝其不鄙之意只煩擇之從容為達此懷也呂公家傳深有警悟人處前輩涵養深厚乃如此但其論學殊有病如云不主一門不私一說則博而雜矣如云直截勁捷以造聖人則約而陋矣舉此二端可見其本末之皆

病此所以流於異學而不自知其非耶而作此傳者又自有不可曉處如云雖萬物之理本末一致而必欲有為此類甚多不知是何等語又義例不明所載同時諸人或名或字非襃非貶皆不可考至如蘇公則前字後名尤無所據豈其學無綱領故文字亦象之而然耶最後論佛學尤可駭嘆程氏之門千言萬語只要見儒者與釋氏不同處而呂公學于程氏意欲直造聖人盡其平生之力乃反見得佛與聖人合豈不背戾之甚哉夫

以其資質之粹美涵養之深厚如此疑若不叛于道而窮理不精錯謬如此流傳于世使有志于道而未知所擇者坐為所悞蓋非特莠之亂苗紫之亂朱而已也奈何奈何

其十二

所論大抵皆得之然鄙意亦有未安處如滿腔子是惻隱之心此是就人身上指出此理充塞處最為親切若於此見得即萬物一體更無内外之别若見不得却去

腔子外尋覓則莽莽蕩蕩愈無交涉矣陳經正云我見天地萬物皆我之性不復知我身之為我矣伊川先生曰他人食飽公無餒乎正是說破此病知言亦云釋氏以虛空沙界為己身而不知其父母所生之身亦是說此病也三代正朔以元祀十有二月考之則商人但以建丑之月為歲首而不改月號時亦必不改也以孟子七八月十一月十二月之說考之則周人以建子之月為正月而不改時改月者後世之彌文不改時者天時不可改故祭祀田獵猶以夏時為正以書一

月戊午厥四月哉生明之類考之則古史例不書時以程子假天時以立義之云考之則是夫子作春秋時特加此四字以繫年見行夏時之意若如胡傳之說則是周亦未嘗改月而孔子特以夏正建寅之月為歲首月下所書之事却是周正建子月事自是之後月與事常相差兩月恐聖人制作之意不如是之紛更煩擾其所制作亦不如是之錯亂無章也愚見如此而考之劉質夫說亦云先書春王正月而後書二百四十二年之事

皆天理也似亦以春字為夫子所加王字亦非史策舊文但魯史本謂之春秋則又似元有此字而杜元凱左傳後序載汲冢竹書乃晉國之史却以夏正建寅之月為歲首則又似胡氏之說為可據此間無竹書煩為見拙齋叩之或有此書借錄一兩年示及幸甚幸甚又漢書元年冬十月注家以為武帝改用夏時之後史官追正其事亦未知是否此亦更煩子細詢考也金聲或洪或殺清濁萬殊玉聲清越和平首尾如一故樂之作也八音克諧

雖若無所先後然奏之以金節之以玉其序亦有不可紊者焉蓋其奏之也所以極其變也其節之也所以成其章也變者雖殊而所以成之者未嘗不一成者雖一而所歴之變洪纖清濁亦無所不具於至一之中聖人之知精粗大小無所不周聖人之德精粗大小無所不備其始卒相成蓋如此此金聲而玉振之所以譬夫孔子之集大成而非三子之所得與也然即其全而論其偏則纖而不能洪清而不能濁者是其金聲之不備也

不能備乎金聲而遽以玉振之雖其所以振之者未嘗有異然其所振一全一闕則其玉之為聲亦有不能同者矣與來喻大同小異更請詳之却以見告仲尼焉學舊來說得太高詳味文意文武之道只指先王之禮樂刑政教化文章而已故特言文武而又以未墜於地言之若論道體則不容如此立言矣但向來貪說箇高底意思將此一句都瞞過了李光祖雖亦曲為之說然費氣力似不若四平放下意味深長也但聖人所以能

無不學無不師而一以貫之便是有箇生而知之底本領不然則便是近世駁雜之學而非所以為孔子故子貢之對雖若遜辭然其推尊之意亦不得而隱矣

其十三

遊山之計束裝借人行有日矣得伯恭書却欲此來遂復中輟山水之興雖未能忘然杜門省事未必不佳也潘丈之政為閩中第一其愛民好士近世誠少比恨未識之耳端叔向見欽夫稱之恭叔昨在建寧得一見匆

匆不能欵然知其惑于世俗髙妙之虚談矣大抵好髙欲速學者之通患而為此說者立論髙而用功省適有以投其隙是以聞其說者欣然從之惟恐不及往往遺棄事物脱畧章句而相與馳逐于虚曠冥漠之中其實學禪之不至者而自託於吾學以少避其名耳道學不明變怪百出以欺世眩俗後生之有志者為所引取陷于邪妄而不自知深可悼懼也擇之既從其招致要當有以開之使決然無惑于彼乃為不負其相向之意然

擇之向來亦頗有好奇自是之弊今更當虛心下意向平實處加潛玩浸灌之功不令小有自主張之意則自益益人之功庶乎其兩進矣

其十四

所示疑義已畧看端叔恭叔惠書極感其意但如此用功鄙意不能無疑要須把此事來做一平常事看朴實頭做將去久之自然見效不必如此大驚小怪起模畫樣也且朋友相聚逐日相見晤語目擊為益已多何必

如此忉忉動形紙筆然後為講學耶如此非唯勞攘無
益且是氣象不好其流風之弊將有不可勝言者可試
思之非小故也其間所論操存涵養苦要分別先後已
是無緊要而元禮忽然生出一句心有未嘗放者遂就
此上生出無限枝葉不知今苦苦理會得此句有甚切
緊日用為己功夫處耶又如可欲之謂善向來說得亦太
高了故端叔所論雖失之而擇之亦未為得也擴之
云已子細報去此不復縷縷矣卷尾二段却好大抵說

得是當自然故下穩帖無許多枝蔓骫骳處且如二公所論可欲之善欲向甚處安頓也

其十五

不仁者不可以久處約長處樂後說得之蓋君子而不仁者有矣夫未有小人而仁者也此皆所謂不仁者但所失亦有淺深久速之差耳大抵聖人之言雖渾然無所不包而學者却要見得中間曲折也

好仁者無以易其所好則尚自尚也惡不仁者不使加

乎其身則加自加也若謂人不能加尚之恐未遽有此意也無我方惡不仁於此又安能必彼之不見加乎用力於仁又是次一等人故曰蓋有之矣若好仁惡不仁之人則地位儘高直是難得禮記無欲而好仁無畏而惡不仁者天下一人而已正是此意

曹交識致凡下又有挾貴求安之意故孟子拒之然所以告之者亦極親切非終拒之也使其因此明辨力行而自得之則知孟子之發己也深矣顧交必不能耳

子思泄柳之事恐無空留行道之别但謂繆公之留出于誠意今客之來非有王命耳

程子有言志壹氣壹專一之意若志專在淫僻豈不動氣氣專在喜怒豈不動志當只依此說來諭此一段皆好但此兩句正倒說却與本文下句不相應耳

按喪服傳出母之服朞但為父後者無服耳子思此事不可曉兼汙隆之說亦似無交涉或記者之誤與

易簀事據曾子自言則非不知者蓋因季孫之賜而用

雖有所緣然終是未能無失但舉扶而易之當下便氷消凍解耳

文之不可無質猶質之不可無文若質而不文則虎豹之鞟猶犬羊之鞟矣鞟須依舊說細看來諭却覺文義不通天以誠命萬物萬物以誠順天此語固有病而所改云天命萬物萬物奉天誠也亦枯槁費力若曰天之命物也以其誠

其十六

誠之在物謂之天前書論之已詳來書所説依舊非本意向為此語乃本物與无妄之意言天命散在萬物而各為其物之天耳意雖如此然窮窘迫切自覺殊非佳語也

觀過知仁只依伊川説更以和靖説足之聖人本意似不過如此記曰仁者之過易辭也語曰苟志於仁矣無惡也如此推之亦可見矣

子張所問子文文子只説得事不見其心所以處此者

的實如何所以見他仁與不仁未得伊川云若無喜愠何以知其非仁乎如此理會方見得聖門所說仁字直是親切若如五峯之說却說出去得更遠了與仁字親切處轉無交涉矣知言中說仁字多類此

切脉觀雞之說固佳然方切脉觀雞之際便有許多曲折則一心二用自相妨奪非惟仁不可見而脉之浮沈緩急雞之形色意態皆有所不暇觀矣竊意此語但因切脉而見血氣之周流因觀雞雛而見生意之呈露故

即此指以示人如引醫家手足頑痺之語舉周子不去庭草之事皆此意耳若如來諭觀雞之說文義猶或可通至切脉之云則文義決不如此又所云同一機者頗類無垢句法

孟敬子問疾一章但看二先生及尹和靖說可見曾子之本意而知上蔡之為強說矣蓋非惟功夫淺迫至于文義亦說不去也

盡心之說謂盡字上更有功夫恐亦未然

其十七

喜怒哀樂渾然在中未感于物未有倚著一偏之患亦未有過與不及之差故特以中名之而又以為天下之大本程子所謂中者在中之義所謂只喜怒哀樂不發便是中所謂中所以狀性之體段所謂中者性之德所謂無倚著處皆謂此也擇之謂在中之義是裏面底道理看得極子細然伊川先生又曰中即道也又曰不偏之謂中道無不中故以中形道此言又何謂也蓋天命

之性者天理之全體也率性之道者人性之當然也未發之中以全體而言也時中之中以當然而言也要皆指本體而言若呂氏直以率性為循性而行則宜乎其以中為道之所繇出也失之矣

其十八

何事於仁恐是何止於仁但下兩句却須相連說蓋博施濟衆非但不止於仁雖聖人猶以為病非謂仁者不能而聖者能之民鮮久矣只合依經解說但中庸民鮮

能久緣下文有不能期月守之説故説者皆以為久于
其道之久細考兩章相去甚遠自不相蒙亦只合依論
語説蓋其下文正説道之不明不行鮮能知味正與伊
川意合也前寄三章大槩皆是但語氣有未粹處耳石
兄向論在中之説甚精密但疑盡己便是用此則過之
大抵此盡已推已皆是賢人之事但以二者自相對待
便見體用之意盡已是體上工夫推已是用上工夫若聖人之忠恕則流
行不息萬物散殊而已又何盡己推己之云哉師訓中

一段極分明正是此意可更詳之

其十九

答熈之仁說甚佳其頗未盡處熹答其書復詳言之仁著于用用本于仁當時自不滿意今欲改云仁者心體之全其用隨事而見所舉伊川先生格物兩條極親切上蔡意固好然却只是說見處今且論涵養一節疑古人直自小學中涵養成就所以大學之道只從格物做起今人從前無此工夫但見大學以格物為先便欲只以

思慮知識求之更不於操存之處用力縱使窺測得十分亦無實地可據大抵敬字是徹上徹下之意格物致知乃其間節次進步處耳

其二十

所引人生而靜不知如何看靜字恐此亦指未感物而言耳蓋當此之時此心渾然天理全具所謂中者狀性之體正於此見之但中庸樂記之言有踈密之異中庸徹頭徹尾說箇謹獨工夫即所謂敬而無失平日涵養

之意樂記却直到好惡無節處方說不能反躬天理滅
矣殊不知未感物時若無主宰則亦不能安其静只此
便是昏了天性不待交物之引然後差也蓋中和二字
皆道之體用以人言之則未發已發之謂但不能慎獨
則雖事物未至固已紛綸膠擾無復未發之時既無以
致夫所謂中而其發必乖又無以致夫所謂和唯其戒
謹恐懼不敢須臾離然後中和可致而大本達道乃在
我矣此道也二先生蓋屢言之而龜山所謂未發之際

能體所謂中已發之際能得所謂和此語為近之然未免有病舊聞李先生論此最詳後來所見不同遂不復致思今乃知其為人深切然恨已不能盡記其曲折矣如云人固有無所喜怒哀樂之時然謂之未發則不可言無主也又云致字如致師之致又如先言慎獨然後及中和此意亦嘗言之但當時既不領畧後來又不深思遂成蹉過孤負此翁耳云云致與位字非聖人不能言只以此觀之亦自可見蓋包括無窮意義而言之初不

費力此其所以難及耳

其二十一

古人只從幼子常視無誑以上灑掃應對進退之間便是做涵養底工夫了此豈待先識端倪而後加涵養哉但從此涵養中漸漸體出這端倪來則一一便為己物又只如平常地涵養將去自然純熟今日即日所學便當察此端倪而加涵養之功似非古人為學之序也又云涵養則其本益明進學則其智益固表裏互相發也

此語甚佳但所引三傳語自始學以至成德節次隨處可用不必以三語分先後也蓋義理人心之固有苟得其養而無物欲之昏則自然發見明著不待別求格物致知亦因其明而明之耳今乃謂不先察識端倪則涵養箇甚底不亦太急迫乎敬字通貫動靜但未發時則渾然是敬之體非是知其未發方下敬底工夫也既發則隨事省察而敬之用行焉然非其體素立則省察之功亦無自而施也故敬義非兩截事必有事焉而勿正

心勿忘勿助長則此心卓然貫通動靜敬立義行無適而非天理之正矣

伊川論中直靜之字謂之就常體形容是也然靜字乃指未感本然言蓋人生之初未感于物一性之真湛然而已豈非常體本然未嘗不靜乎惟感于物是以有動然所感既息未有不復其常者故熹常以為靜者性之貞也不審明者以為何如主靜二字乃言聖人之事蓋承上文定之以中正仁義而言以明四者之中又自有

賓主耳觀此則學者用功固自有次序須先有箇立脚處方可省察就此進步非謂靜處全不用力但須如此方可用得力耳前此所論敬義即此理也

其二十二

精一之說誠未盡但擇之之說乃是論其已然須見得下工夫底意思乃佳伊川云唯精唯一言專要精一之也如此方有用力處如擇之之說却不見唯字意思如何前日中和之說看得如何但恐其間言語不能無病

其大體莫無可疑數日來玩味此意日用間極覺得力乃知日前所以若有若亡不能得純熟而氣象淺浮易得搖動其病皆在此湖南諸友其病亦似是如此近看南軒文字大抵都無前面一截工夫也大抵心體通有無該動靜故工夫亦通有無該動靜方無透漏若必待其發而後察察而後存則工夫之所不至多矣惟涵養于未發之前則其發處自然中節者多不中節者少體察之際亦甚明審易爲著力與異時無本可據之說大

不同矣用此意看遺書多有符合讀之上下文極活絡分明無凝滯處亦曾如此看否

其二十三

心有忿懥之說似亦無可疑心字只是喚起下文不得其正字非謂心有是四者也遺書云易無思無為也此戒夫作為也向來欲添非字以令觀之似不必然此意蓋明聖人之所謂無非漠然無所為也特未嘗作為耳只此便是天命流行活潑潑地戒之者非聖人之自戒

特以作為為不可耳大抵立言欲寛舒平易云云

其二十四

戒夫作為此對老子之無為而言既不為老子之無為又非有所作為此便是天命流行鳶飛魚躍之全體感而遂通天下之故未嘗離此然體用自殊不可不辨但當識其所謂一源者耳

其二十五

費而隱一節正是叩其兩端處其實君臣父子人倫日

用無所不該特舉夫婦而言以見其尤切近處而君子之道所以造端其微乃至于此而莫能破也但熟味上下文意及鳶飛魚躍上下察之意即見得顯微巨細渾是此理意義曉然也

其二十六

此中見有朋友數人講學其間亦難得朴實頭負荷得者因思日前講論只是口說不曾實體於身故在己在人多不得力今方欲與朋友說日用之間常切檢點氣

習偏處意欲萌處與平日所講相似與不相似就此痛著工夫庶幾有益陸子壽兄弟近日議論却肯向講學上理會其門人有相訪者氣象皆好但其間亦有舊病此間學者却是與渠相反初謂只如此講學漸涵自能入德不謂末流之弊只成說話至于人倫日用最切近處亦都不得毫毛氣力此不可不深懲而痛警也

其二十七

近見莆中西銘解義其胡公說莫是向來所說呂氏別

本否謂之胡說固非然恐亦不是呂說似初無甚發明不知何人所作而如此流行誤人兼其後有數段言語極可怪也

其二十八

敬夫寄得書論二先生事實中數段來改正謬訛所助頗多但記二蘇排伊川處只欲改正云同朝之士有不相知者其說以為二蘇之于先生但道不同不相知耳不審賢者以為如何又欲削去常夷父張茂則兩段以

為決無此事他議論亦尚多不能一二及之甚恨地遠
不得相與討正也

其二十九

游尉能與師魯遊必有志者因一見之啟其要未見他
事且令於百姓分上稍發些不可得身心亦是一事也

其三十

知言序如所論尤有精神又照管得前來貫穿甚善甚善寄得
郴學擴齋二記其文亦此類不知何故如此不止是言

語文字之病試為思之如何書中云常與右府書云顧
公主張正論如泰山之安綢繆國事無累卵之慮此語
却極有味大抵長於偶語韻語往往嘗説得事情出也
湘江諸人欲心不知果能便消否第恐野火燒不盡春
風吹又生耳渠如此易言正如廣仲説納交要譽易去
一般
其三十一
酒誥已領前日讀之不詳但所疑悉如來示然初亦不

曾得致思但覺礙人耳

其三十二

所諭聞人說性說命說仁說學等語自覺羞愧此又矯枉過直之論其下論注疏與諸老先生得失亦然大抵近見擇之議論文字詩篇及所以見于行事者皆有迫切輕淺之意不知其病安在若如此書所論則凡經典中說性命仁學處皆可刪而程張諸公著述皆可焚矣願深察之此恐非小病也

遺事十條

林擇之論學校有曰今士人所聚多處風俗便不好故太學不如州學州學不如縣學縣學不如鄉學曰太學真箇無益于國家教化之意何在向見陳魏公說亦以為可罷 朱子語類

林擇之曰自通典後也無人理會禮本朝但有陳祥道陸佃理會來曰陳祥道理會也穩陸師農有好處但杜撰處多

今年却得一林同人在此相與討論其人操履甚謹思索愈精大有所益不但勝己而已　又曰區區稍知復加激厲此公之力為多（與何叔京書）

林擇之論人物先生曰莆人多詐淳朴無偽者陳魏公而已　春風駘蕩家家到天理流行事事清此南軒題桃符云爾擇之識之（朱子語類）

擇之講論精密務求至當似未為過但其間却實不免有輕視前輩之心則不可去年因書蓋嘗規之正如老

凡之意但不敢謂緣此都不得别白是非也

論讀書之法擇之云嘗作課程看論語不得過三段先生曰明者可讀兩段或三段如此亦可以治躁心擇之所造日深累日不聞益論塵土滿襟矣

因説林擇之曰此人曉事非其他學者之比徐又曰到他已分事却暗語類上同

擇之間且涵養去久之自明先生曰亦須窮理涵養窮索二者不可偏廢如車兩輪如鳥兩翼擇之勞先生人

事之繁答曰大凡事只得耐煩做將去纔起厭心便不得朱子語類

林用中字序

古田林子用中過予於屏山之下以道學為問甚勤予不能有以告也然與之言累日知其志之高力之久聞之深而所至之不可量也一日語予求予易其名與字者予曰名者子生三月而父命之非朋友所得變字雖可改然前輩有言名字者己所假借以自稱道亦人所

假借以稱道已之辭耳奚以求勝為哉林子曰不然用中之名在中庸實舜之事非後學所宜假借以自名者故常病其大而不自安非敢小之而復求勝也且亦素請於家君矣願得一言若可用以自警者而稱焉則所望也予嘉其禮與辭之善也則告之曰舜誠大聖人不可及也古之人有顏子者其言曰舜何人也予何人也有為者亦若是夫豈不知舜之不可幾及而必云爾者蓋曰學所以求為聖人不以是為標的則無所之焉耳

子誠能志顏子之志而學其學則亦何歉于名之大而必易之耶且子不覩于子思之中庸耶中庸之書上言舜下言顏子用其中者舜也擇乎中庸得一善則拳拳服膺而弗失者顏子也夫顏子之學所以求為舜者亦在乎精擇而敬守之耳葢擇之不精則中不可得守之不以敬則雖欲其一善有諸已且將不能尚何用之可致哉今子必將道顏而之舜則亦自夫擇者始而敬以終之無他事矣故予謂子之名則無庸改而請奉字曰

擇之又曰敬仲二字惟所稱予以是為足以有警乎無也林子曰敢不奉以周旋予因稍次序其語書以贈之

乾道二年三月癸亥新安朱熹序

林允中字序

始予得古田林生用中愛其通悟修謹嗜學不倦因其請字字之曰擇之一日擇之又請曰用中之弟允中亦知有志于學而其材小不足願推所以見命之意字之曰擴之何如予時未識允中而以擇之之言知其為人

也則應曰諾明年擴之亦來視其志與其材信乎其如擇之之言也自是從予遊今四五年矣徐深察之則其為人蓋晦外而明于內朴外而敏其中是以予有取焉今年還自吳中過予潭溪之上留語三日則聞見益廣而將有以充其材矣間請予文以序其字顧予言何足取然嘗聞之動靜相如循環無端而聖賢之學必主乎靜蓋火之宿者用之壯水之滀者決之長其理然也擴之誠病其才之未充而欲卒大之耶則亦反其本務其

實而已矣擴之唯唯遂書以授之乾道壬辰九月丙午

朱熹序

南嶽倡酬集附録

東歸亂藁序

始予與擇之陪敬夫為南山之遊窮幽選勝相與詠而賦之四五日間得凡百四十餘首既而自咎曰此亦足為荒矣則又推數引義更相箴戒者久之其事見于倡酬前後序篇亦已詳矣自與敬夫别遂偕伯崇擇之東來道路次舍輿馬杖屨之間專以講論問辨為事蓋已不暇於為詩而閒隙之時感事觸物又有不能無言者則亦未免以詩發之蓋自櫧州歷宜春泛清江泊豫章

涉饒信之境繚繞數千百里首尾二十八日然後至於崇安始盡胠其槀掇拾亂槀纔得二百餘篇取而讀之雖不能當義理中音節然視其間則交規自警之辭愈為多焉斯亦吾人所欲朝夕見而不忘者以故不復毀棄姑序而存之以見吾黨直諒多聞之益不以遊談宴樂而廢至其時或發於一偏不能一出於正者亦皆存而不削庶乎後日觀之有以惕然自省而思所以改焉是則此槀之存亦未可以為無益而畧之也若夫

江山景物之奇陰晴朝暮之變幽深傑異千態萬狀則雖所謂三百篇猶有所不能形容其髣髴此固不得而記云乾道丁亥冬十二月二十一日新安朱熹序

仿古版文淵閣四庫全書

集部・南嶽倡酬集

編纂者◆（清）紀昀　永瑢等
董事長◆施嘉明
總編輯◆方鵬程
編印者◆本館四庫籌備小組
承製者◆博創印藝文化事業有限公司

出版發行：臺灣商務印書館股份有限公司
台北市重慶南路一段三十七號
電話：(02)2371-3712
讀者服務專線：0800056196
郵撥：0000165-1
網路書店：www.cptw.com.tw
E-mail：ecptw@cptw.com.tw
網址：www.cptw.com.tw

局版北市業字第 993 號
初版一刷：1986 年 5 月
二版一刷：2010 年 10 月
三版一刷：2012 年 10 月
定價：新台幣 900 元　A7620257

國立故宮博物院授權監製
臺灣商務印書館數位製作

ISBN 978-957-05-2771-1

國家圖書館出版品預行編目 (CIP) 資料

欽定四庫全書．集部 ： 南嶽倡酬集／（清）紀昀，
永瑢等編纂． -- 三版． -- 臺北市 ： 臺灣商務，
2012. 10
面；　　公分
ISBN 978-957-05-2771-1（線裝）

1. 四庫全書

082.1　　101019727